Uno

Sanando la División Racial

GUÍA DE ESTUDIO

Copyright © 2020 Dennis Rouse

Traducción al español por: David Sanz
Editado por: Pamela Praniuk, God-First Arts Inc.

Publicado por AVAIL
225 W. Seminole Blvd., Suite 105
Sanford, FL 32771

El texto bíblico indicado con RVR 1960 corresponde a la versión Reina-Valera © 1960 Sociedades Bíblicas en América Latina; © renovado 1988 Sociedades Bíblicas Unidas. Utilizado con permiso. Todos los derechos reservados.

El texto bíblico indicado con NTV ha sido tomado de la Santa Biblia, Nueva Traducción Viviente, © Tyndale House Foundation, 2010. Utilizado con permiso de Tyndale House Publishers, Inc., Carol Stream, IL 60188, Estados Unidos de América. Todos los derechos reservados.

El texto bíblico indicado con NVI ha sido tomado de la Santa Biblia, NUEVA VERSIÓN INTERNACIONAL® NVI® © 1999, 2015 por Biblica, Inc.®, Inc.® Usado con permiso de Biblica, Inc.® Reservados todos los derechos en todo el mundo.

Todos los derechos reservados. Ninguna parte de esta publicación puede ser reproducida, almacenada en sistemas de búsqueda o transmitida de ninguna manera ni por ningún medio - electrónico, mecánico, fotocopia, grabación u otro - excepto por citas breves en revisiones escritas, sin el consentimiento previo por escrito del autor.

Diseño de portada de Joe Deleon

ISBN: 978-1-950718-84-9   1 2 3 4 5 6 7 8 9 10

Impreso en los Estados Unidos de América

Uno

Sanando la División Racial

Dennis Rouse

GUÍA DE ESTUDIO

ÍNDICE

1. Punto de partida 6
2. ¡No es justo! 12
3. ¿Por qué la preferencia parece razonable? 18
4. El amor todo lo conquista 24
5. ¿Iguales? 30
6. Piedras fundamentales 36
7. Loco amor 42
8. Derribando muros 48
9. Levántate, habla 54
10. Tengo un sueño 60

capítulo 1

Punto de partida

"En ese momento, me di cuenta de que nunca había entendido acabadamente el dolor que ella sentía en una sociedad prejuiciosa que había ubicado a la gente de raza negra en una posición de subordinación. No podía ni imaginarme lo que ellos enfrentaban. Su corazón se derritió por una simple invitación de parte nuestra y mi corazón fue quebrantado por el profundo dolor que ella experimentaba a diario. Surgió en mí una determinación de hacer algo al respecto, pero no tenía idea de qué podía hacer".

Tiempo de lectura

Lee el capítulo 1: "Punto de partida", del libro *Uno*, reflexiona sobre las preguntas y discute tus respuestas con tu grupo de estudio.

Reflexiona acerca de la cultura en la cual has crecido. ¿Creciste en una comunidad relativamente integrada, o estabas rodeado primordialmente por gente de tu misma raza o etnia?

_____
_____
_____
_____

¿Recuerdas cuándo fue la primera vez que te diste cuenta de que las experiencias de los demás eran distintas a la tuya? ¿En qué manera te cambió este entendimiento?

_____
_____
_____
_____

Texto bíblico de estudio

Lee Mateo 20:20-28

"Entonces se le acercó la madre de los hijos de Zebedeo con sus hijos, postrándose ante él y pidiéndole algo.

Él le dijo: ¿Qué quieres? Ella le dijo: Ordena que en tu reino se sienten estos dos hijos míos, el uno a tu derecha, y el otro a tu izquierda.

Entonces Jesús respondiendo, dijo: No sabéis lo que pedís. ¿Podéis beber del vaso que yo he de beber, y ser bautizados con el bautismo con que yo soy bautizado? Y ellos le dijeron: Podemos.

Él les dijo: A la verdad, de mi vaso beberéis, y con el bautismo con que yo soy bautizado, seréis bautizados; pero el sentaros a mi derecha y a mi izquierda, no es mío darlo, sino a aquellos para quienes está preparado por mi Padre.

Cuando los diez oyeron esto, se enojaron contra los dos hermanos. Entonces Jesús, llamándolos, dijo: Sabéis que los gobernantes de las naciones se enseñorean de ellas, y los que son grandes ejercen sobre ellas potestad. Mas entre vosotros no será así, sino que el que quiera hacerse grande entre vosotros será vuestro servidor, y el que quiera ser el primero entre vosotros será vuestro siervo; como el Hijo del Hombre no vino para ser servido, sino para servir, y para dar su vida en rescate por muchos".

¿Cómo vemos, en este pasaje, la entrega de Jesús, que dio Su vida —y Su poder— en favor de otros?

_____
_____
_____
_____

De acuerdo al capítulo 1, ¿qué experiencia tenemos todos en común —sin importar nuestro trasfondo— que nos debería unir?

_____
_____
_____
_____

¿Cuál es la diferencia entre que distintos grupos de personas se encuentren en una misma habitación y que sean parte de la misma familia?

_____
_____
_____
_____

¿Qué efectos colaterales negativos identificas en la experiencia de Dennis con la integración forzada en su etapa escolar? ¿Dónde crees que está el error en esta política? ¿Notas algo positivo en ella?

_____
_____
_____
_____

Punto de partida / 9

Comparte tu historia

"La cercanía nos obliga a detenernos, conectar, escuchar, y tratar de entender a la otra parte en cada argumento".

¿Cómo nos desafía la cercanía a reconocer los puntos de vista y las experiencias de otros de una nueva manera?

_____
_____
_____
_____
_____

¿Cómo equilibra, la cultura de Reino que Cristo trajo, la responsabilidad personal y la compasión por los desfavorecidos?

_____
_____
_____
_____
_____
_____

¿Qué desafíos puede presentar, inicialmente, la verdadera reconciliación bíblica a la gente de color que históricamente no se ha encontrado en posiciones de poder?

_____
_____
_____
_____
_____
_____

¿Qué desafíos puede presentar, inicialmente, la verdadera reconciliación bíblica a la gente blanca que está acostumbrada a estar en posiciones de poder?

_____
_____
_____

Luego de haber leído este capítulo, ¿cómo te está guiando el Espíritu Santo a responder a lo leído? ¿Te sientes impulsado a investigar algo? ¿A desarrollar alguna relación? ¿Qué acciones te sientes impulsado a tomar?

_____
_____
_____

capítulo 2

¡No es justo!

"Si realmente conocemos a Jesús... si Su amor ha derretido y moldeado nuestros corazones... daremos más honor a los demás, estaremos más interesados en sus problemas, y nos dedicaremos a ayudarles a elevarse. Eso es lo que implica estar motivados por el amor para hacer cambios por el bien de otros".

Tiempo de lectura

Lee el capítulo 2: "¡No es justo!", del libro *Uno*, reflexiona sobre las preguntas y discute tus respuestas con tu grupo de estudio.

¿Te sientes cómodo conversando con gente que tiene distintos trasfondos al tuyo? ¿Qué tan fácil te resulta recibir puntos de vista que no se alinean con los tuyos?

_____
_____
_____
_____
_____

¿Cuál es el riesgo de etiquetar como "cristiano" un partido político, una raza, una etnia o un grupo de gente? ¿Cómo afecta esto a la reconciliación que Dios quiere que desarrollemos e impulsemos?

_____
_____
_____
_____
_____

Texto bíblico de estudio

Lee Colosenses 3:1-14

"Si, pues, habéis resucitado con Cristo, buscad las cosas de arriba, donde está Cristo sentado a la diestra de Dios. Poned la mira en las cosas de arriba, no en las de la tierra. Porque habéis muerto, y vuestra vida está escondida con Cristo en Dios. Cuando Cristo, vuestra vida, se manifieste, entonces vosotros también seréis manifestados con él en gloria.

Haced morir, pues, lo terrenal en vosotros: fornicación, impureza, pasiones desordenadas, malos deseos y avaricia, que es idolatría; cosas por las cuales la ira de Dios viene sobre los hijos de desobediencia, en las cuales vosotros también anduvisteis en otro tiempo cuando vivíais en ellas. Pero ahora dejad también vosotros todas estas cosas: ira, enojo, malicia, blasfemia, palabras deshonestas de vuestra boca. No mintáis los unos a los otros, habiéndoos despojado del viejo hombre con sus hechos, y revestido del nuevo, el cual conforme a la imagen del que lo creó se va renovando hasta el conocimiento pleno, donde no hay griego ni judío, circuncisión ni incircuncisión, bárbaro ni escita, siervo ni libre, sino que Cristo es el todo, y en todos.

Vestíos, pues, como escogidos de Dios, santos y amados, de entrañable misericordia, de benignidad, de humildad, de mansedumbre, de paciencia; soportándoos unos a otros, y perdonándoos unos a otros si alguno tuviere queja contra otro. De la manera que Cristo os perdonó, así también hacedlo vosotros. Y sobre todas estas cosas vestíos de amor, que es el vínculo perfecto".

¿Cómo han desviado los valores mundanos a la iglesia de esta forma de pensar? ¿Dónde se ve comprometida nuestra visión bíblica del Reino por una perspectiva sesgada y preferencial?

_____
_____
_____
_____

¿Cómo nos libera el punto de vista del Reino en este pasaje para abrazar y entender las perspectivas de quienes son distintos a nosotros?

_____
_____
_____
_____

Las personas de distintos trasfondos tienen la tendencia a verse a sí mismas ya sea como gente con mayores derechos que otros o como víctimas. ¿Cuáles son los peligros de estos dos puntos de vista?

_____
_____
_____
_____

¿Cuántos verdaderos amigos tienes que sean de otras razas o etnias? ¿Qué pasos deberías tomar para incrementar tus relaciones con personas de distintos trasfondos?

_____
_____
_____
_____

Comparte tu historia

"El amor es estar dispuesto a hacer cambios por el bien de otra persona. En nuestras relaciones con gente de otras razas, hacemos ajustes para poner nuestros prejuicios a un lado y valorar a la gente tanto como Dios la valora".

¿Tiendes a ver a quienes se encuentran en tus antípodas en términos políticos, como tontos o malvados? ¿Qué sientes hacia ellos en términos generales?

_____
_____
_____
_____

¿Cómo han contribuido las redes sociales y la interacción virtual a la división, al odio, la ira y el prejuicio en nuestra sociedad? ¿Hay algún elemento que los unifique?

_____
_____
_____
_____

Según el capítulo 2, ¿qué es lo único que puede derretir nuestros corazones a tal punto que nos veamos motivados a hacer ajustes en favor de otros? ¿Por qué es lo único que funcionará?

_____
_____
_____
_____

Actualmente, ¿te encuentras en una posición radical, moderada, o confusa en lo que refiere a las cuestiones raciales? Explica tu respuesta.

_____
_____
_____
_____
_____

¿Qué ajustes te está indicando el Espíritu Santo que deberías hacer en favor de otros, teniendo en cuenta el inmenso sacrificio que Dios ha hecho por ti?

_____
_____
_____
_____

capítulo 3

¿Por qué la preferencia parece razonable?

"*Muchos de nosotros, en secreto, vemos a nuestra raza como 'mejor que', 'más responsable que', o 'más noble que', pero no nos atrevemos a decirlo en voz alta. Simplemente preferimos estar con gente que se parece a nosotros, cocina como nosotros, habla como nosotros y ve el mundo como nosotros lo vemos. Es mucho más cómodo así*".

Tiempo de lectura

Lee el capítulo 3: "¿Por qué la preferencia parece razonable?", del libro *Uno*, reflexiona sobre las preguntas y discute tus respuestas con tu grupo de estudio.

¿Cómo crees que las tradiciones con las que creciste te han impedido hacerte algunas preguntas difíciles?

_____
_____
_____
_____
_____
_____

¿Nombra algunos ejemplos de "desigualdad arraigada" en nuestras comunidades? ¿Cómo han naturalizado esta desigualdad, nuestros sistemas y estructuras?

_____
_____
_____
_____
_____
_____

Texto bíblico de estudio

Lee Santiago 1:19-27

"Por esto, mis amados hermanos, todo hombre sea pronto para oír, tardo para hablar, tardo para airarse; porque la ira del hombre no obra la justicia de Dios. Por lo cual, desechando toda inmundicia y abundancia de malicia, recibid con mansedumbre la palabra implantada, la cual puede salvar vuestras almas.

Pero sed hacedores de la palabra, y no tan solamente oidores, engañándoos a vosotros mismos. Porque si alguno es oidor de la palabra pero no hacedor de ella, éste es semejante al hombre que considera en un espejo su rostro natural. Porque él se considera a sí mismo, y se va, y luego olvida cómo era. Mas el que mira atentamente en la perfecta ley, la de la libertad, y persevera en ella, no siendo oidor olvidadizo, sino hacedor de la obra, éste será bienaventurado en lo que hace.

Si alguno se cree religioso entre vosotros, y no refrena su lengua, sino que engaña su corazón, la religión del tal es vana. La religión pura y sin mácula delante de Dios el Padre es esta: Visitar a los huérfanos y a las viudas en sus tribulaciones, y guardarse sin mancha del mundo".

Cuando adoptamos la posición central de "preferencia", ¿notas que hay una diferencia entre lo que decimos y lo que realmente pensamos y creemos?

_____
_____
_____
_____

¿Hay alguna área de tu vida en que dices creer una cosa pero no actúas en consecuencia con esa creencia?

_____
_____
_____
_____

¿Cuál de estas cinco posiciones ante la desigualdad social se destaca más para ti? ¿Por qué?

_____
_____
_____
_____
_____

Si tuvieras que elegir cuál de las cinco posturas representa mejor tu estado actual, ¿cuál sería tu respuesta más sincera? Explica tu respuesta.

_____
_____
_____
_____
_____

Comparte tu historia

"La solución al racismo y la intolerancia no es una preferencia pasiva. No alcanza con eso".

¿Hay algo en particular que te impida "subir" en la lista hacia la inclusión? ¿Qué es?

_____
_____
_____
_____
_____

¿Cómo es que la preferencia aparenta ser tolerante pero en realidad sostiene y perpetúa los prejuicios de quienes presentan esa postura?

_____
_____
_____
_____
_____

¿Cómo han contribuido los medios a la división entre blancos y gente de color? ¿Han ayudado, en alguna manera, a construir un puente que supere esta grieta?

_____
_____
_____
_____
_____

¿Por qué no alcanza con la preferencia pasiva para solucionar el problema del racismo? ¿Cómo es que la posición de preferencia se encuentra tan cercana a la de la intolerancia y el racismo?

_____
_____
_____
_____

¿Qué opinas de las diferencias entre tu generación y la generación mayor/menor que la tuya?

_____
_____
_____
_____

¿Te está guiando Dios a tomar alguna acción a partir de la lectura de este capítulo?

_____
_____
_____

capítulo 4

El amor todo lo conquista

"Estoy convencido que muchos de nosotros estamos mucho más influenciados por los valores del mundo que por los de Dios. También entiendo que hay fuerzas invisibles que operan: fuerzas de luz y fuerzas de tinieblas. Las fuerzas de luz nos invitan a amar como Jesús ama; las fuerzas de las tinieblas siembran suposiciones negativas que rápidamente enfrían los corazones. ¿Qué fuerzas se manifiestan en nuestras actitudes, nuestro comportamiento, nuestras palabras y nuestras publicaciones en las redes?".

Tiempo de lectura

Lee el capítulo 4: "El amor todo lo conquista", del libro *Uno*, reflexiona sobre las preguntas y discute tus respuestas con tu grupo de estudio.

¿Cómo nos puede impedir una ofensa lograr la reconciliación con otros?

_____
_____
_____
_____
_____
_____
_____

¿Te encuentras luchando con la ira, la división y la falta de perdón hacia alguien? De ser así, ¿quién es esa persona?

_____
_____
_____
_____
_____
_____

El amor todo lo conquista / 25

Texto bíblico de estudio

Lee 2 Corintios 5:14-21

"Porque el amor de Cristo nos constriñe, pensando esto: que si uno murió por todos, luego todos murieron; y por todos murió, para que los que viven, ya no vivan para sí, sino para aquel que murió y resucitó por ellos.

De manera que nosotros de aquí en adelante a nadie conocemos según la carne; y aun si a Cristo conocimos según la carne, ya no lo conocemos así. De modo que si alguno está en Cristo, nueva criatura es; las cosas viejas pasaron; he aquí todas son hechas nuevas. Y todo esto proviene de Dios, quien nos reconcilió consigo mismo por Cristo, y nos dio el ministerio de la reconciliación; que Dios estaba en Cristo reconciliando consigo al mundo, no tomándoles en cuenta a los hombres sus pecados, y nos encargó a nosotros la palabra de la reconciliación. Así que, somos embajadores en nombre de Cristo, como si Dios rogase por medio de nosotros; os rogamos en nombre de Cristo: Reconciliaos con Dios. Al que no conoció pecado, por nosotros lo hizo pecado, para que nosotros fuésemos hechos justicia de Dios en él".

¿Por qué es necesario que nos reconciliemos con Dios antes de poder reconciliarnos con otros?

_____
_____
_____
_____

¿Cómo modela Cristo el tipo de reconciliación que necesitamos en el mundo de hoy?

_____
_____
_____
_____

De las cuatro dimensiones del amor discutidas en este capítulo, ¿cuál es la que te presenta mayores dificultades en este momento? ¿Por qué?

_____
_____
_____
_____

¿Por qué crees que tanta gente asiste a la iglesia durante años sin nunca experimentar un encuentro transformador con Jesús? ¿Identificas algún aspecto de la cultura eclesiástica que contribuya a eso?

_____
_____
_____
_____

Comparte tu historia

"Un embajador representa a su país delante de la gente de otro país. Para ser efectivo en su función, debe trasladarse a ese país, hablar con fluidez su lenguaje y aprender las costumbres de la gente de esa nación. No se para en el límite de su país de origen y grita a la gente del otro país que están locos. Su trabajo —su privilegio— es sumergirse en la otra cultura para poder entender a su gente, hablar efectivamente con ellos y construir puentes entre las dos naciones. Ese es nuestro trabajo en nuestra relación con gente de otras razas, culturas y naciones".

¿Por qué no puede el gobierno ser la solución definitiva a las tensiones raciales y la inequidad? ¿Cuál es el rol que debe asumir el gobierno en estas áreas?

_____
_____
_____
_____
_____

¿Cuál fue tu reacción al relato del pastor Dennis del momento en que lavó los pies de un joven de raza negra en el escenario? ¿Qué piensas de la reacción del público?

_____
_____
_____
_____
_____

¿Cuál es la diferencia entre sentirse herido, enojado o indignado acerca de un maltrato, y aferrarse a una ofensa?

_____
_____
_____
_____
_____
_____
_____

¿Consideras que es posible vivir en un estado de perdón perpetuo? Explica tu respuesta.

_____
_____
_____
_____

¿Qué grupo o grupos te cuesta ver como la imagen de Dios? ¿Es otra raza o etnia? ¿Es otra cultura? ¿Algún partido político o religión?

_____
_____
_____
_____

El amor todo lo conquista / 29

capítulo 5

¿Iguales?

"Para ir más allá de la preferencia y el paternalismo debemos ver a todos como iguales. Cualquier tipo de superioridad, aún si nos motivara a dar generosamente a causas interculturales, sigue creando una barrera entre nosotros y ellos".

Tiempo de lectura

Lee el capítulo 5: "¿Iguales?," del libro *Uno*, reflexiona sobre las preguntas y discute tus respuestas con tu grupo de estudio.

¿Cómo pueden la justicia autopercibida y el orgullo impedir que nos veamos como realmente somos? ¿Cómo nos impiden amar a otros con sus imperfecciones?

_____
_____
_____
_____
_____
_____

¿Te sientes relativamente cómodo expresando a los demás tus fallas y fracasos? ¿Qué es lo que más te cuesta de mostrarte vulnerable en este sentido?

_____
_____
_____
_____
_____

Texto bíblico de estudio

Lee Mateo 25:31-46

"Cuando el Hijo del Hombre venga en su gloria, y todos los santos ángeles con él, entonces se sentará en su trono de gloria, y serán reunidas delante de él todas las naciones; y apartará los unos de los otros, como aparta el pastor las ovejas de los cabritos. Y pondrá las ovejas a su derecha, y los cabritos a su izquierda.

Entonces el Rey dirá a los de su derecha: Venid, benditos de mi Padre, heredad el reino preparado para vosotros desde la fundación del mundo. Porque tuve hambre, y me disteis de comer; tuve sed, y me disteis de beber; fui forastero, y me recogisteis; estuve desnudo, y me cubristeis; enfermo, y me visitasteis; en la cárcel, y vinisteis a mí.

Entonces los justos le responderán diciendo: Señor, ¿cuándo te vimos hambriento, y te sustentamos, o sediento, y te dimos de beber? ¿Y cuándo te vimos forastero, y te recogimos, o desnudo, y te cubrimos? ¿O cuándo te vimos enfermo, o en la cárcel, y vinimos a ti?

Y respondiendo el Rey, les dirá: De cierto os digo que en cuanto lo hicisteis a uno de estos mis hermanos más pequeños, a mí lo hicisteis.

Entonces dirá también a los de la izquierda: Apartaos de mí, malditos, al fuego eterno preparado para el diablo y sus ángeles. Porque tuve hambre, y no me disteis de comer; tuve sed, y no me disteis de beber; fui forastero, y no me recogisteis; estuve desnudo, y no me cubristeis; enfermo, y en la cárcel, y no me visitasteis.

Entonces también ellos le responderán diciendo: Señor, ¿cuándo te vimos hambriento, sediento, forastero, desnudo, enfermo, o en la cárcel, y no te servimos?

Entonces les responderá diciendo: De cierto os digo que en cuanto no lo hicisteis a uno de estos más pequeños, tampoco a mí lo hicisteis.

E irán éstos al castigo eterno, y los justos a la vida eterna".

¿Cómo identificó el rey a las ovejas y las cabras? ¿En qué difiere su proceder con el que utilizamos nosotros?

_____
_____
_____
_____

¿Cuál crees que es el mensaje que Cristo estaba intentando comunicar con esta historia? ¿Notas que ese mensaje sigue siendo extremadamente relevante en la actualidad?

_____
_____
_____
_____

¿Recuerdas alguna ocasión en que te hayas dado cuenta de que por tí mismo no podías y que no bastaba con tu esfuerzo? ¿Cómo cambió, esa experiencia, tu perspectiva acerca de otros?

_____
_____
_____
_____
_____

¿Cuál consideras que es el mayor desafío al decidir tomar un paso para acercarte a gente que es autodestructiva en lugar de juzgarla y evitarla?

_____
_____
_____
_____

Comparte tu historia

"Un corazón exultante de haber sido perdonado y amado, está dispuesto a perdonar y amar a otros, no con el fin de probarse a sí mismo sino como resultado de una inmensa gratitud".

¿Por qué la falsa amabilidad de alguna gente blanca es, en realidad, algo negativo para la igualdad racial?

_____
_____
_____
_____
_____

El pastor Dennis escribe: "Ser amables con la gente para demostrar que somos buenos no es más que utilizarlos para nuestro propio beneficio". ¿Cómo crees que se sienten quienes son destinatarios de esta falsa amabilidad al notar la falta de sinceridad?

_____
_____
_____
_____
_____

¿Cómo puede ser liberador admitir que nunca seremos suficientemente buenos por nuestra propia cuenta? ¿Cómo es que esto nos puede liberar para poder amar a los demás como Cristo lo hace?

_____
_____
_____
_____
_____

¿Qué estadística acerca de la desigualdad racial en los Estados Unidos te llamó más la atención? Explica tu respuesta.

_____
_____
_____
_____
_____

Luego de haber leído este capítulo, ¿qué acciones te está indicando el Espíritu Santo que debes tomar? ¿Sientes que tu corazón necesita acercarse a una visión más bíblica de la igualdad?

_____
_____
_____
_____

capítulo 6

Piedras fundamentales

"Si nos inclinamos hacia la rectitud, necesitamos preguntarnos lo siguiente: "¿Qué injusticias considero que realmente deben ser resueltas?". Y si nos vemos más orientados hacia el lado de la justicia, necesitamos preguntarnos: "¿Cómo puedo animar a la gente a ser ciudadanos responsables?".

Tiempo de lectura

Lee el capítulo 6: "Piedras Fundamentales," del libro *Uno*, reflexiona sobre las preguntas y discute tus respuestas con tu grupo de estudio.

¿Notas que tiendes a escuchar mayoritariamente a periodistas, canales de noticias y fuentes de información que se alinean con tu forma de pensar? ¿Con cuánta frecuencia escuchas a fuentes que no se alinean con tu punto de vista?

_____
_____
_____
_____
_____

¿Por qué crees que nos resulta tan difícil reconocer cuánto nos "inclinamos hacia un lado" en cualquier discusión?

_____
_____
_____
_____
_____
_____

> **Texto bíblico de estudio**
>
> Lee Proverbios 21:1-5 (NTV)
>
> "El corazón del rey es como un arroyo dirigido por el Señor, quien lo guía por donde él quiere.
>
> La gente puede considerarse en lo correcto según su propia opinión, pero el Señor examina el corazón.
>
> Al Señor le agrada más cuando hacemos lo que es correcto y justo que cuando le ofrecemos sacrificios".
>
> Los ojos arrogantes, el corazón orgulloso, y las malas acciones, son pecado.
>
> Los planes bien pensados y el arduo trabajo llevan a la prosperidad, pero los atajos tomados a la carrera conducen a la pobreza.

¿Por qué crees que en este texto se apareja la rectitud (lo correcto) y la justicia? ¿Cuál es la importancia de que el Señor valore estas dos cosas más que el sacrificio?

_____
_____
_____
_____
_____

¿Consideras que te inclinas más hacia la rectitud en el espectro o hacia la justicia? ¿Cómo lo sabes?

_____
_____
_____
_____
_____

¿Cómo pueden la rectitud y la justicia combinarse para dar lugar a una sociedad fuerte y agradable a los ojos de Dios?

_____
_____
_____
_____
_____
_____

¿Qué es el sesgo de confirmación y cómo nos impide tomar en consideración los puntos de vista de los demás?

_____
_____
_____
_____
_____
_____

Comparte tu historia

"La gran mayoría de las personas en Estados Unidos vive en la burbuja de la rectitud o en la de la justicia, ya sean creyentes o no creyentes. Ni siquiera queremos escuchar las opiniones contrarias porque, para entender al otro lado, podríamos tener que cambiar nuestra perspectiva, nuestro corazón, nuestra conducta... y tal vez hasta nuestra forma de votar".

¿Cuál es el riesgo de tener un corazón inclinado hacia la rectitud pero sin justicia?

_____
_____
_____
_____
_____

¿Cuál es el riesgo de tener un corazón inclinado hacia la justicia pero sin rectitud?

_____
_____
_____
_____
_____

¿Qué formas prácticas tienes de moverte más hacia el centro en el espectro de la justicia/rectitud?

_____
_____
_____
_____
_____

Piensa en los grupos de personas que te cuesta amar. ¿Puedes identificar alguna relación que tengas, en la actualidad, con alguien de ese grupo? Si no, ¿qué puedes hacer para desarrollar y profundizar en relaciones con gente de ese grupo?

_____
_____
_____
_____
_____

¿Sientes que el Señor te está guiando a tomar algún otro paso a partir de lo leído en este capítulo? ¿Hay algún versículo en particular o algún punto desarrollado que te haya llamado la atención de manera especial?

_____
_____
_____
_____
_____

capítulo 7

Loco amor

"Cuando amamos a nuestros enemigos, oramos por quienes nos persiguen, y bendecimos a los que nos usan cruelmente, estamos actuando como Dios. Tenemos que recordar que nosotros mismos éramos Sus enemigos, adorábamos lo creado y no al Creador, y usábamos a la gente en lugar de amarla... pero el amor de Dios es tan grande que aún así nos amó. Ese es el profundo pozo de amor del cual podemos alimentarnos; amamos a los demás de la manera que Dios nos ama a nosotros".

Tiempo de lectura

Lee el capítulo 7: "Loco amor", del libro *Uno*, reflexiona sobre las preguntas y discute tus respuestas con tu grupo de estudio.

¿Por qué necesitamos estar seguros en nuestra identidad antes de poder entender y respetar los puntos de vista de los demás?

_____
_____
_____
_____
_____
_____

¿Qué crees que significa que alguien "renuncie al derecho a sentirse ofendido"?

_____
_____
_____
_____
_____

Loco amor / 43

Texto bíblico de estudio

Lee Mateo 5:43-48

"Oísteis que fue dicho: Amarás a tu prójimo, y aborrecerás a tu enemigo. Pero yo os digo: Amad a vuestros enemigos, bendecid a los que os maldicen, haced bien a los que os aborrecen, y orad por los que os ultrajan y os persiguen; para que seáis hijos de vuestro Padre que está en los cielos, que hace salir su sol sobre malos y buenos, y que hace llover sobre justos e injustos. Porque si amáis a los que os aman, ¿qué recompensa tendréis? ¿No hacen también lo mismo los publicanos? Y si saludáis a vuestros hermanos solamente, ¿qué hacéis de más? ¿No hacen también así los gentiles? Sed, pues, vosotros perfectos, como vuestro Padre que está en los cielos es perfecto".

¿Cuál es la diferencia entre el amor sacrificial y el permitir que otros te pisoteen?

_____
_____
_____
_____
_____
_____
_____

¿Por qué habrá ordenado a sus discípulos que amaran a sus enemigos, no sólo a la gente neutral o conocidos?

_____
_____
_____
_____
_____

¿Cómo refleja nuestro amor hacia los demás el estado de nuestros corazones para con Dios?

_____
_____
_____
_____
_____
_____

¿Cuál de las recomendaciones del pastor Dennis para tener conversaciones saludables con otras personas te llamó más la atención? ¿Por qué?

_____
_____
_____
_____
_____
_____
_____

Comparte tu historia

"Vivimos por un propósito mucho más grande y más elevado que nuestros propios propósitos —vivimos por los propósitos de Dios—".

Comenta algunas preguntas poderosas que puedes hacer a alguien de otra raza, etnia, sistema de creencias o trasfondo cultural.

_____
_____
_____
_____

¿Cómo puede el concepto de tomarse un tiempo para "calmar los ánimos" cambiar la forma en que gestionamos los conflictos como líderes y creyentes?

_____
_____
_____
_____

¿Cuál es el "negocio familiar" al que hemos entrado como hijos e hijas de Dios?

¿Puedes pensar en situaciones donde no sólo está bien enojarse, sino que hasta es saludable hacerlo?

¿Cómo crees que es vivir en un balance entre la verdad y la gracia? ¿Qué acciones y actitudes caracterizan a alguien que ha logrado un buen equilibrio entre ellas?

capítulo 8

Derribando muros

"No podemos fabricar un corazón humilde. Debe ser creado en nosotros por medio de una experiencia genuina de la gracia de Dios. Si creemos que nuestra bondad nos gana puntos delante de Dios, siempre miraremos hacia abajo a la gente que consideramos que no es tan buena como nosotros".

Tiempo de lectura

Lee el capítulo 8: "Derribando muros", del libro *Uno*, reflexiona sobre las preguntas y discute tus respuestas con tu grupo de estudio.

¿Qué "ladrillos en el muro" has observado que dividen a las personas y les impiden conectarse y entenderse mutuamente?

_____
_____
_____
_____
_____
_____

¿Qué soluciones —formas de "derribar los muros"— has encontrado en tus propias conversaciones con otras personas?

_____
_____
_____
_____
_____
_____

Derribando muros / 49

Texto bíblico de estudio

Lee Juan 13:1-17

"Antes de la fiesta de la pascua, sabiendo Jesús que su hora había llegado para que pasase de este mundo al Padre, como había amado a los suyos que estaban en el mundo, los amó hasta el fin.

Y cuando cenaban, como el diablo ya había puesto en el corazón de Judas Iscariote, hijo de Simón, que le entregase, sabiendo Jesús que el Padre le había dado todas las cosas en las manos, y que había salido de Dios, y a Dios iba, se levantó de la cena, y se quitó su manto, y tomando una toalla, se la ciñó. Luego puso agua en un lebrillo, y comenzó a lavar los pies de los discípulos, y a enjugarlos con la toalla con que estaba ceñido.

Entonces vino a Simón Pedro; y Pedro le dijo: Señor, ¿tú me lavas los pies? Respondió Jesús y le dijo: Lo que yo hago, tú no lo comprendes ahora; mas lo entenderás después.

Pedro le dijo: No me lavarás los pies jamás.

Jesús le respondió: Si no te lavare, no tendrás parte conmigo.

Le dijo Simón Pedro: Señor, no solo mis pies, sino también las manos y la cabeza.

Jesús le dijo: El que está lavado, no necesita sino lavarse los pies, pues está todo limpio; y vosotros limpios estáis, aunque no todos. Porque sabía quién le iba a entregar; por eso dijo: No estáis limpios todos.

Así que, después que les hubo lavado los pies, tomó su manto, volvió a la mesa, y les dijo: ¿Sabéis lo que os he hecho? Vosotros me llamáis Maestro, y Señor; y decís bien, porque lo soy. Pues si yo, el Señor y el Maestro, he lavado vuestros pies, vosotros también debéis lavaros los pies los unos a los otros. Porque ejemplo os he dado, para que como yo os he hecho, vosotros también hagáis. De cierto, de cierto os digo: El siervo no es mayor que su señor, ni el enviado es mayor que el que le envió. Si sabéis estas cosas, bienaventurados seréis si las hiciereis".

¿De qué manera nos enseña Jesús con su ejemplo cómo ser humildes sin menospreciarnos nosotros mismos, nuestro carácter ni nuestros talentos? ¿Cambia, este pasaje, tu entendimiento de lo que es la humildad?

_____
_____
_____
_____

¿Qué diferencias ves entre la mentalidad de Reino que Jesús demostró en este pasaje y la cultura de nuestro mundo?

_____
_____
_____
_____

¿Cómo pueden, las soluciones simplistas, complicar el proceso de reconciliación?

_____
_____
_____
_____

Explica, con tus propias palabras, el ciclo de desconfianza y por qué es tan fácil, para muchos, caer en ese ciclo.

_____
_____
_____
_____

Comparte tu historia

"Me temo que muchos de nosotros compartimos una visión muy errada de lo que es la humildad. No es pensar menos de uno mismo, reprender nuestro carácter y rebajar nuestros talentos. Es estar tan seguros de nosotros mismos que no estemos a la defensiva, ni demasiado pendientes de agradar a la gente, ni temerosos de asumir riesgos".

¿Qué cualidades o valores crees que nuestra cultura idolatra? ¿Y tú, a nivel personal?

_____
_____
_____
_____
_____

¿Cómo pueden estos "ídolos" impedir que nos reconciliemos con otros?

_____
_____
_____
_____
_____

¿Tienes amigos muy queridos que sean de otras razas —gente que realmente conoces y en quienes confías—? ¿Qué factores crees que han contribuido a que tu respuesta a la pregunta anterior haya sido positiva o negativa?

_____
_____
_____
_____
_____

¿Qué acciones puedes tomar para, intencionalmente, desarrollar más relaciones como éstas?

_____
_____
_____
_____
_____

¿Qué señales concretas te harán notar que estás progresando en esta área?

_____
_____
_____
_____
_____

capítulo 9

Levántate, habla

"En mi experiencia, cambiar una convicción tan profunda, toma muchas conversaciones y muchas experiencias. Sé paciente, sé amable y ten presente que estás pidiendo que la persona supere años de creencias y hábitos. Si comienzas con aquello en lo cual estás de acuerdo, tienes mejores posibilidades de progresar hacia conversaciones abiertas y honestas".

Tiempo de lectura

Lee el capítulo 9: "Levántate, habla", del libro *Uno*, reflexiona sobre las preguntas y discute tus respuestas con tu grupo de estudio.

¿Por qué es importante estar dispuestos a "crear chispas" o causar olas, en nuestro esfuerzo por lograr la reconciliación?

_____
_____
_____
_____
_____

¿Qué cosas sacrificamos al comprometernos a amar a aquellos que vienen de otro trasfondo? ¿Qué es lo que ganamos?

_____
_____
_____
_____
_____

Texto bíblico de estudio

Lee Lucas 14:25-34

"Grandes multitudes iban con él; y volviéndose, les dijo: Si alguno viene a mí, y no aborrece a su padre, y madre, y mujer, e hijos, y hermanos, y hermanas, y aun también su propia vida, no puede ser mi discípulo. Y el que no lleva su cruz y viene en pos de mí, no puede ser mi discípulo.

Porque ¿quién de vosotros, queriendo edificar una torre, no se sienta primero y calcula los gastos, a ver si tiene lo que necesita para acabarla? No sea que después que haya puesto el cimiento, y no pueda acabarla, todos los que lo vean comiencen a hacer burla de él, diciendo: Este hombre comenzó a edificar, y no pudo acabar.

¿O qué rey, al marchar a la guerra contra otro rey, no se sienta primero y considera si puede hacer frente con diez mil al que viene contra él con veinte mil? Y si no puede, cuando el otro está todavía lejos, le envía una embajada y le pide condiciones de paz. Así, pues, cualquiera de vosotros que no renuncia a todo lo que posee, no puede ser mi discípulo.

Buena es la sal; mas si la sal se hiciere insípida, ¿con qué se sazonará? Ni para la tierra ni para el muladar es útil; la arrojan fuera.

El que tiene oídos para oír, oiga..."

¿A qué se refiere Jesús en el pasaje cuando dice "gastos" o costo?

_____
_____
_____
_____

¿En qué se diferencia nuestro cristianismo cultural del tipo de discipulado que Jesús presenta en este pasaje?

_____
_____
_____
_____

¿En qué se diferencia la "culpa blanca" del amor inclusivo? ¿En qué es mejor que la ira blanca?

_____
_____
_____
_____

Expresa con tus propias palabras lo que significa presentar una posición como una cuestión relacional en lugar de como una cuestión de principio. ¿Cómo cambia el tono y el sentimiento del debate?

_____
_____
_____
_____

Comparte tu historia

"Jesús estaba dispuesto a perder a todos con tal de que los que permanecieran a su lado nunca dudaran de su postura ni del precio que estaba dispuesto a pagar por una gracia que verdaderamente transforma. De modo tal que, si permanecían a su lado, estarían dispuestos a pagar el mismo precio".

¿Qué cosas tienes en común con aquellos que son distintos a ti? Escoge un grupo demográfico que te cuesta entender y piensa qué cosas tienes en común con ellos.

_____
_____
_____
_____
_____

¿Cuáles son, según el pastor Dennis, algunas señales de que es momento de dejar una discusión y quedar de acuerdo en que se disiente sobre un tema en particular?

_____
_____
_____
_____
_____
_____

¿Qué significa "escoger a quién perder" y por qué es mejor que no tomar una posición?

_____
_____
_____
_____
_____
_____

Hay un costo que pagar por levantarse a favor de la reconciliación, y hay un costo que se paga por no hacerlo. ¿Por qué consideras que este último es un costo oculto? ¿Cuáles son algunas formas en que "pagamos" por no asumir una postura?

_____
_____
_____
_____

Al terminar este estudio, ¿hay algo que sientas que Dios te está diciendo que hagas o digas? ¿Qué convicciones tienes presentes? ¿Qué relaciones sientes que debes desarrollar?

_____
_____
_____

capítulo 10

Tengo un sueño

"Un cristiano no se mueve con la tendencia cultural; un cristiano va con el evangelio de Jesús, el mensaje del amor sacrificial y con un corazón volcado al cuidado de todos, especialmente de los desvalidos".

Tiempo de lectura

Lee el capítulo 10: "Tengo un sueño", del libro *Uno*, reflexiona sobre las preguntas y discute tus respuestas con tu grupo de estudio.

¿Cuál es el aprendizaje principal que has obtenido al hacer este estudio?

_____
_____
_____
_____
_____

¿Qué punto te ha desafiado especialmente o con qué cosa todavía estás luchando?

_____
_____
_____
_____
_____

Tengo un sueño / 61

Texto bíblico de estudio

Lee Romanos 12:1-10

"Así que, hermanos, os ruego por las misericordias de Dios, que presentéis vuestros cuerpos en sacrificio vivo, santo, agradable a Dios, que es vuestro culto racional. No os conforméis a este siglo, sino transformaos por medio de la renovación de vuestro entendimiento, para que comprobéis cuál sea la buena voluntad de Dios, agradable y perfecta.

Digo, pues, por la gracia que me es dada, a cada cual que está entre vosotros, que no tenga más alto concepto de sí que el que debe tener, sino que piense de sí con cordura, conforme a la medida de fe que Dios repartió a cada uno. Porque de la manera que en un cuerpo tenemos muchos miembros, pero no todos los miembros tienen la misma función, así nosotros, siendo muchos, somos un cuerpo en Cristo, y todos miembros los unos de los otros. De manera que, teniendo diferentes dones, según la gracia que nos es dada, si el de profecía, úsese conforme a la medida de la fe; o si de servicio, en servir; o el que enseña, en la enseñanza; el que exhorta, en la exhortación; el que reparte, con liberalidad; el que preside, con solicitud; el que hace misericordia, con alegría.

El amor sea sin fingimiento. Aborreced lo malo, seguid lo bueno. Amaos los unos a los otros con amor fraternal; en cuanto a honra, prefiriéndoos los unos a los otros".

Identifica dos o tres verbos "activos" en este pasaje que te llamen la atención. ¿Cómo contrastan estos mandamientos con una mentalidad pasiva y de queja en lo relacionado con la reconciliación?

_____
_____
_____
_____
_____

Piensa en aquellos con quienes te cuesta llevarte o entenderte. ¿Qué dones espirituales tienen ellos que tú no?

_____
_____
_____
_____

¿Cuáles son los principales medios de información y entretenimiento que están hablando a tu corazón? ¿Piensas hacer algún cambio con respecto a las fuentes de la información, los contenidos y las opiniones que consumes?

_____
_____
_____
_____

Comparte tu historia

"Necesitamos valor, necesitamos compromiso, necesitamos ánimo, pero sobre todo, es necesario que experimentemos el amor de Jesús de una manera tan profunda que seamos transformados desde adentro hacia afuera".

¿Cómo es que la iglesia puede ser un punto de pivot en el cambio generacional que deseamos ver en los Estados Unidos hoy? ¿Qué perderemos si la iglesia no lidera la carga en la lucha por la reconciliación y la igualdad?

_____
_____
_____
_____
_____

¿Cómo nos ayuda reconocer que la naturaleza humana siempre tenderá a causar división? En otras palabras, dado que la naturaleza humana no va a cambiar, ¿cuál es la solución?

_____
_____
_____
_____

Explica lo poderoso de la frase "Entiendo tu punto". ¿Qué logra esto en la atmósfera de la conversación? ¿Por qué a veces es tan difícil conceder una afirmación de este tipo en los debates con otras personas?

_____
_____
_____
_____

El pastor Dennis escribe: "La fe conforta, pero también impulsa". ¿Qué te está impulsando a hacer Dios que te saca de tu zona de comodidad?

_____
_____
_____
_____

Al terminar este estudio, ¿sobre qué punto te han quedado preguntas sin resolver?

_____
_____
_____
_____

¿Qué recursos has dispuesto separar? ¿En qué gente has pensado? ¿Qué decisiones o compromisos has hecho? Haz una lista y ora que Dios te ayude a perseguir la reconciliación, la igualdad, y la paz con otros.

_____
_____
_____
_____

www.ingramcontent.com/pod-product-compliance
Lightning Source LLC
Chambersburg PA
CBHW062122080426
42734CB00012B/2955